YO ES OTRO

POESÍA

YO ES OTRO

Frank Alejandro Cuesta

Primera edición: Ediciones La Luz, Cuba, 2020.

Coordinación editorial: George Riverón
Edición: Luis Yuseff
Diseño de portada: Frank Alejandro Cuesta

© Frank Alejandro Cuesta, 2024.
© Bluebird Editions, 2024.
Todos los derechos reservados.

ISBN 978-1-951409-25-8

www.bluebirdeditions.com
books@bluebirdeditions.com

Impreso en Estados Unidos de América.

ÉL ES OTRO

Pues aquel que vive más de una vida
Más de una muerte tiene también que morir.
OSCAR WILDE

I

Mucho de Semana Grande tiene el poeta. Quien escribe poemas obligatoriamente vive muchas vidas y por consiguiente múltiples muertes terminan cercándolo. El poema funciona, muy a pesar de quien lo escriba, como membrana o umbral entre dos sustancias móviles, y el poeta (en nuestro caso) viene a ser un vaciado, una armazón de líquidos y estructuras en migración permanentes, "una ropa sin cuerpo que se cae", una casa vacía, un auto detenido en la carretera cerrada por neblina, y esa misma neblina disipándose al primer rayo de sol. El poeta es el tercero y su soledad frente a otros que por un instante coinciden, se integran a un punto de tensión e inestabilidad. El poema es orden, el poeta es entrópico. Los poetas emigran, el poema permanece. El poema es hematúrico, el poeta es drenado. El poema es luz, pero el poeta es refracción. El poema levita, el poeta se hunde. El poema es el Padre, y el poeta es el Hijo. El Hijo es eucarístico y el Padre, Verbo. El poema se reescribe, el poeta se borra. "El poeta nace con experiencia" (Baudelaire), el poema es sabio. El poeta tiene bordes, el poema lleva centro. El poema es de silencios y el poeta de soledad. El poema abraza, pero el poeta es quien extiende los brazos. El poema ilumina, pero es el poeta quien arde. El poema es santo y el poeta sacrificio. El poema tiene verdad, el poeta miente. Borges es el poema, el poeta es el otro. Rimbaud es quien escribe los versos de Borges. El poema se crea. El poeta nace. Y Frank Alejandro Cuesta tiene los ojos dorados; pero eso no cabe en ningún poema de Borges, ni de Rimbaud, porque únicamente forman parte del hombre que cada noche, cuando pretende dormir, se siente la criatura más sola del mundo, y, llegado a ese punto, inicia un poema nuevo cada noche; poemas que nunca termina porque el otro —el que quiso ser—, lo abandona. Se abandonan, mutuamente.

II

"Yo es otro", me dijo un día de abril de cuyo año no quiero acordarme. Y desde entonces no sé cuál de sus "yo" es el que me llama por teléfono varias veces por semana; aunque algo si sé: las diferencias entre uno y ese despliegue de personalidades, no marcan distancias que al caso sean importantes destacar. Tampoco es Fernando Pessoa. El otro en el que se transforma, o pretende transformarse este muchacho inquieto, suspicaz y retador es solo un reflejo de sí mismo, por no decir que es él mismo, pero visto a través de un cristal polimórfico y traslúcido. No hay misterio añadido, sino regresión en sus maniobras de escape. El hombre poeta vuelve a Gibara de 1999; donde "una mujer es asesinada en un baño público sobre los arrecifes" o permanece sobre el pecho de su padre... en las piernas de la madre o en los brazos de una abuela... Y poco después se sabe "en 23 cubierto de amapolas..." o en New York, donde hay un "negro que balbucea mirando al mar". Y se concentra en la sangre, en el sudor, en el semen y en una lágrima tecleada en bronce sobre el papel. Mastica "una hoja de salvia al mismo tiempo que aspira el humo del cigarro" y en Polonia, donde no entienden que dos hombres puedan hacer familia, entra a los rascacielos flotantes de Varsovia. Está, como "el Cristo redentor/ ante el mar de Galilea"; está "frágil como gota de agua en la pared"; está despidiéndose "un día de lluvia   en julio/ en esta isla   o en otra"; está/estuvo en "una hoja de abedul" y en "el santo de papel"; está-o-no en Londres, París o Estambul.

Frank Alejandro está rehaciéndose en el humo "para no estar solo".

III

"Para no estar solo". La soledad. Una y otra vez asoma su perfil este hueco de pecho, este agujero negro que ha devorado a tanto poeta triste. Esa cruz marcada en nuestras espaldas. Allí se lee: "yo es otro que se pierde entre las sábanas de la soledad". Y su soledad es esa "emoción al lanzarse colgando/ de un cable entre montañas" y también es quedarse en silencio "tragándome la vida/ en una taza de café" o leer a Puskin en el Malecón. Estar solo es saber que Dios no existe y pensar a la vez que "Dios está uniendo en nosotros sus pedazos!".

Estar solos es "una trenza mal hecha", "tragar semen", "dormir tranquilo", "posar desnudo frente a un espejo". La soledad es masturbar a un hombre que vuelve el rostro y también crecer "a la sombra de mujeres en guerra", cuando un rezo es capaz de hacer que florezcan los robles. La soledad es una barca sin remos. Un recipiente demasiado estrecho para un jacinto romano, azul. Azul.

La soledad de Frank Alejandro Cuesta es un cigarro encendido frente a una cámara *vintage*.

IV

Su soledad es "del alma para el alma" (vuelve Rimbaud); esa que se deja, como el cuerpo inerte de una mariposa gigante, prensada entre las páginas de un libro; el primero (aunque *Yo es otro*, tiene más de solo de violín que de ópera prima; apotegma que no probaré con justificadas razones).

Pareciera que Frank Alejandro no tiene futuro, sino que está afincado al presente o al pasado. Al menos en su pasado y en su presente, desatino que le garantiza la prevalencia de una voz de sustratos múltiples y abanicada, que al final sabemos intransferible. Ahora, Frank Alejandro es un niño, pero al instante pudre entre cadáveres o hace de su "cuerpo un recipiente de vicios". También puede hacer coincidir ambas cosas en un mismo poema (de cualquier manera, él siempre será *otro*), donde el sujeto lírico que es, prefiere a la transición, la regresión; para luego proyectarse contra la pared inamovible del presente y hundirse allí, aquí, ahora. No hay futuro para él (su *yo*). Y esas palabras: fu-tu-ro y yo, lo atragantan. Prefiere el yo, sin aristas, sin colindantes ni perimetrales, llanuras y depresiones. La soledad no tiene futuro, y el futuro aquí no se plantea, no es conflicto en un poeta que muy al contrario de lo que deja ver en su libro, sí es cuestionador, hurga, fastidia, insiste en su túnel, en su casa de agujeros, en su noche personal. El poeta/los poetas de hoy han hecho dejación de futuro, y el ser humano que es —y somos— lo padece(mos) peor que otros, sean cuales fueren sus coordenadas lamentables. Creo que Frank Alejandro lo sabe, o lo sabe el otro que es, o ambos. Como él —como ellos—, otros contemporáneos suyos no se han atrevido aún a darle nombre, cuerpo, olor, temperatura a esta llama inmóvil en la que arden —ardemos todos— mientras aguarda(mos) la "campana que anuncia la resurrección del lirio". Muerte primero, vida después: "acostúmbrate cuerpo/ a despertar".

El poeta no tiene futuro, otro apotegma que no justificaré.

V

Sin embargo, el ser humano si tiene futuro. Quiero pensar que no es el fin. Hoy/ayer, no ha comenzado el reloj fatídico de este nicho de soledades a golpear su péndulo en retroceso. No es el fin. Quiero pensar que el hombre se salvará de la desidia; entonces también habrá salvado al poeta que es, y ese poeta tiene un arca segura en cada uno de los nuestros.

He visto dolor y esperanza en las imágenes que en las últimas horas ganan visibilidad en redes sociales.* He sentido soledad y he tenido también compañía. Hay abrazos y des-

---

* El 6 de mayo de 2022, el Hotel Saratoga, un hotel de lujo en la ciudad de La Habana, Cuba, sufrió una presunta explosión de gas que dañó gran parte del edificio, así como la infraestructura circundante. Murieron 47 personas y 52 resultaron heridas.

prendimientos entre los seres humanos, y he pensado, mientras la madrugada me roba el sueño, y leo y releo los versos de Frank Alejandro, que su libro bien podría ser el libro de vida de los otros, la historia suya y la historia de los demás. Pienso en el cuerpecito de un niño y en los brazos mutilados de un muchacho hermoso. Pienso que Frank, aquel niño, el hombre, el poeta está en cada uno de los cuerpos cercenados por el odio del fuego. Eso puede la vida, eso pueden los poetas. Siempre hay una vida agarrada al último suspiro. He pensado, también, que no deberíamos estar ahora/aquí mirando al yo más profundo de cada uno de nosotros, y que mejor debiéramos sumirnos en un voto de silencio. Pero no. Han callado los violines y los músicos todos han caído de brazos. Hay silencio profundo en casi todas partes, pero tú sabes que un poema ayuda a sostener a un niño, a un hombre/ a una mujer, a un país entero.

Frank Alejandro Cuesta, no te asustes. Hay una luz, amigo. Hay una luz esperándonos.

LUIS YUSEFF

Holguín, Cuba,
7 de mayo de 2022

...Yo es otro. Tanto peor para la madera
que se descubre violín, ¡y mofa contra los inconscientes,
que pontifican sobre lo que ignoran por completo!
Arthur Rimbaud

Así tenía que iniciar este conjunto de poemas,
no pensados, no escritos con oficio literario, sino
escritos desde la emoción del momento,
cuando mi memoria lanzó su velo de niebla
hacia mis ojos, y vi, y escuché, y transcribí todo
aquello que me era dictado por seres,
unos conocidos y otros, aún desconocidos,
que me visitan cada cierto tiempo,
a ellos dedico estas páginas
y a Manuel,
violín que me acompaña.

sirvo el café con una ceremonia silenciosa
        (eco de muerte entre las manos)
el líquido atraviesa mi garganta

como la saliva negra de un difunto
        este cuerpo se hace de humo

*¿Qué vigilas cuando todos duermen
y no estás oyendo?
Las cúpulas despiertas. Las interminables
escaleras de la memoria.*
Gastón Baquero

LA NECESIDAD DE SER OTRO

Gibara 1999 una mujer es asesinada en un baño público
    sobre los arrecifes otra mujer pare hembra en una
    sala de hospital
camino a otro sitio ya no hay baño sobre los acantilados
    la niña es adulta y tiene descendencia

enciendo un cigarro pienso en el muchacho que duerme
    conmigo en la terapia floral el psicólogo que me
    pone cuotas de cigarros por día en mis uñas que
    nunca alcanzan su tamaño normal
escribo pensando que la escritura viene a salvarme porque
    mi cuerpo es un recipiente contaminado por el semen
    fotografías en mi teléfono un barco que se hunde
    en el Atlántico
cómo escribir el poema de mi vida cómo escribir estos años
    con tinta cuántas renuncias cuántas palabras sobre
    el papel

yo es otro sobre el pecho de mi padre yo en las piernas
    de mi madre yo en los brazos de mi abuela
    yo debajo de la mesa aprendiendo a hacer promesas
    a una santa yo de rodillas bebiendo la sangre blanca
    de la inocencia yo en un sitio desconocido sin una
    cama con una taza de café entre las manos

yo es otro que se pierde entre las sábanas de la soledad

LAS CÚPULAS DESPIERTAS

I

me disfrazaron de impuro
camino descalzo por la arena

II

las cúpulas insomnes vienen a mí
ella llora
un animal suda alcoholes a su lado

III

la cruz se marca en mi espalda
abuela reza
hace florecer los robles

IV

la ciudad es una cúpula
abuela enciende el carbón
canta «amanecer feliz»
crezco a la sombra de mujeres en guerra

V

desangran las caobas
cambiamos paredes por muros

VI

como un riachuelo emana la sangre
una mujer con espinas en las manos
grita al inocente

VII

por un agujero entre las tablas
vi cómo la humillaba
odio a este odio que odia

VIII

regala a su hijo una foto
para que nunca olvides
dice

IX

revientan cristales en el mar
con miedo
un amigo muere de frío

X

en el andén   espero
ella sonríe
quiere saber
escucha
me abraza
parte

XI

bajo las cúpulas
encuentro al guerrero

XII

comienza la primavera
la poesía, la poesía
me dice el guerrero
mi cuerpo obedece
nunca he escrito en la arena
no soy el inocente

RUINAS

la mitad de la casa
tendrá que derrumbarse
K. Kavafis

I

algo de polvo
sobre el retrato del abuelo
la pared enmohecida pide luz
la casa tiembla frente al mar
y sus muros resisten

II

un muchacho desnudo
cruza la calle   salta
sobre el agua el camino es más corto

III

piel que me abandonas
no esperes más
tu ventana está dormida

SUICIDIO

lanzar un grito al vacío
desgarrar el pecho   y gritar
gritar sin temores
purificar el cuerpo

clavar la punta del lápiz sobre el papel en blanco
espolear el poema
convertirlo en cruz
mis manos doblan de nuevo el papel
otra mano nace en el jardín
el silencio de mi padre parece de muerte
cada año cambia el color de la cruz
la raíz se convierte en objeto

que descanse en paz la palabra

NEGACIÓN DE LA REALIDAD

en un pedazo de tierra desconocida vibra mi cuerpo
      agitado por el alcohol el humo la espera
hay una barca sin remos llevada al borde un baño de
      agua estancada un colchón para seis un muchacho
      tatuado de flores lilas y azul desconocido
hay un lugar cubierto de cenizas una mujer
      que impone el silencio una campana que anuncia
      la resurrección del lirio   sonido de ave al morir
      aullido de perros asustados
una bandada de pájaros tres hombres un banco
      presencias que devoran
tu beso dormido manos que obligan la despedida
      silencio que estalla en mis pulmones viciados
      por el humo y la necesidad del humo contamina
      mi sangre
ha florecido el jacinto romano más azul que antes
      para comer de mi cadáver y convertirme
      en cruz de viento en barco navegante
      por un mar de piedra viva
he de morir envenenado por el humo
      desafiando la ventolera el hambre
      huyendo para no salvarme para morir contra
      la campana que estremece el amanecer
escucho a Saint-Saëns su danza me llama las carrozas
      arden y Rimbaud dicta a su esclavo más fiel
      la última carta a Verlaine

olvido los gusanos y la gota de agua negra que fecunda
    ya no lavo mi carne en el agua pantanosa
    ha llegado la hora del polvo es tiempo del viento
    estamos en cuaresma
prendo un cigarro a nombre de mis muertos
    siento el sabor amargo el crujir de los pulmones
    calcinados la piel de mis dedos destila olores
    desagradables
he hecho de mi cuerpo un recipiente de vicios y conjuros
    para alejar la soledad una taza blanca con hojas
    de guayaba albahaca miel vino toques de tambor
    sonidos de mar
he cantado y alabado a dioses y a santos he cubierto
    mi ataúd con rosas y azucenas
estoy en la tumba y la tierra se pudre a mis pies

desnudo   en la casa del silencio
me rehago en el humo
    para no estar solo

RECONCILIACIONES

huye del cuerpo que cubre su rostro
      con la mano pálida
arremete contra la máscara
      del vicio/sexo
      del vicio/beso

acostúmbrate   cuerpo
      a despertar

OTOÑO

    de rodillas   creo la sombra de la muerte
        a mi espalda
invento una realidad distinta
        ante la pérdida del lirio púrpura

RESILIENCIA

recoger el agua
      con que lavo
           mi cuerpo

AMIGOS

una hoja de abedul traída de otras tierras
un santo de papel   un rezo en otro idioma
(signos de una amistad que desconozco)
aquí no nieva como en la tarjeta que guardo
    en mi escritorio
no estoy en Londres ni en París
no soy Constantinopla que despierta en Estambul
aquí no nieva no hay desierto
no tengo amigos que traen hojas secas
    del otro lado del mar

SALVACIÓN

la aldea huele a carne sudada
las bestias salen a cazar
una hormiga sigue el rastro del reptil
      que estrena piel para el recién llegado
      (también confundido con bestia)
una lechuza blanca busca su alimento
      en los árboles de la plaza
los licores de media noche
      derramados sobre mi espalda
la mancha que no para de crecer
      hacia dentro

voy a crear un conjuro
      que separe la tierra de la tierra
para que la bestia se desate
      y huya

MUCHACHOS

a K. Kavafis

I

acudir a la palabra   buscar el poema
    para los muchachos que toman café
sus miradas desafiantes
observo la sensualidad de sus labios
    manchados

II

estoy atento al agua sobre las telas
hermosos cuerpos mojados por la lluvia
    puedo sentir su humedad

CARTA DE DESPEDIDA

puede ocurrir que despierte
    desnudo entre las sábanas
que sienta tu sexo entre los muslos
tu respiración en el rostro
mi mano sobre tu cabello
    y que pase el tiempo
    que pase mucho tiempo
puedo ser tu confidente
escribirte poemas en lugares imaginarios
puede ocurrir que me extrañes
    un día de lluvia   en julio
    en esta isla   o en otra

tengo la palabra atravesada en la garganta
      la comida atravesada en la garganta
      el vino estancado en la garganta
      el semen estancado en la garganta
estoy estancado/atravesado
      y me estoy quedando sin garganta

mi voz como un trueno en la sequedad del mediodía
como un estampido de balas en medio de la tregua
como el sonido que engendra una procesión
      recorriendo la ciudad
como el crepitar del vidrio en los molinos
mi voz como la mosca insoportable
      que revolotea en tu cabeza

frágil   como gota de agua en la pared
        vulnerable   inmóvil
caer impactado y levantarme manchado de sangre
saltar de una cama verde a otra roja
        donde un muchacho recibe mi esperma
endeble   imploro ante el humo de los difuntos

montículos de cuarzo bajo la tierra roja
sacrificio de despedida
      ceremonia que no termina
explicar con palabras de este mundo
que partió de mi un barco llevándome
un ejército invisible custodia al hombre que rema
      su pequeño bote sobre los acantilados
otro bote a motor avanza por el cementerio de agua
      (hierro y cemento roídos por el salitre)
soy discípulo en época de agua salada
      mi fe está en el lirio de costa
      y el lucero del amanecer
busco la multiplicación del pez
      y al Cristo redentor
      ante el mar de Galilea

*... pero después del sueño las visiones,
pero después del inocente la inocencia...*
VIRGILIO PIÑERA

EL POETA SORDO

enséñame   joven violinista
    a leer la música
tengo miedo del sonido
      hablan pero no escucho
soy el necio que confunde las palabras
      sus orquestaciones dolorosas
enséñame a callar   solo tengo los ojos
      y un cuerpo que tiembla

OFICIO Y PLEGARIA

sobre qué escribir cuando he descuartizado mi carne
    sobre el papel dejando como mancha
    cada parte de mí   volcando letra a letra
    los segundos de fuerza/miedo/alegría/dolor
    horas de soledad que invaden la madrugada
dolor que confunde al viejo dolor escribe el poeta
    sobre un papel de acacia
ha de ser cierto *dondequiera que esté el dolor*
    es tierra santa   lo comprendo
la palabra se vuelve dardo contra la carne
    y resisto   juego con él   lo atrapo
    en un frasco ámbar lo sepulto
    para que la tierra asfixie/reseque/germine
un manojo de llaves y ninguna puerta
    la cerradura del balcón cruje oxidada
detrás de cada barrote hay un pájaro que canta
    flor de tierra   que en cada amanecer
    el dolor desaparezca

NOTICIAS DE PARÍS

fría como todas las noches de París entramos a la taberna
        del barrio Pigalle   la voz rasgada de la Piaf
        es un grito con «La vie en rose»
pides un par de cervezas   nos sentamos al fondo
        donde la poca luz es el abrigo perfecto
jóvenes como éramos   amado mío   grité pidiendo
        «L´Accordioniste»
        y al compás de la música besé tu pálida mejilla
en la habitación 21 quité tu corbata púrpura
        besé tu cuerpo tan despacio que aún siento
        la piel en mis labios
al amanecer desnudos bajo las sábanas
        recordamos al poeta
        volvimos a amarnos
ha pasado tanto tiempo querido mío
        no sé en qué rincón del planeta te encuentras
        o si tus ojos se han convertido en polvo
pero ahora   viejo como estoy
        vuelvo a estar en París
        en Montmartre
        Rue Veron
        No. 18

RAPSODIA PARA UN VIOLÍN ROJO

un muchacho de fino perfil provoca deseo en mí
el cristal empañado de la ventana
      descubre el amanecer
la piel húmeda se desliza entre las sábanas
      busca la parte sensible del cuerpo
sus labios provocan caída al insomnio
      toma mi espalda/mis piernas
      agarro sus brazos/sus muslos
descubro las sábanas
      caigo/caemos
levanta del suelo el cuerpo del violín
lleva el arco contra las cuerdas
      trémolo/vibrato
y el muchacho contra la madera de arce
se confunde con el rojo cuerpo del violín

POEMA PARA PEDRO

podrías llamarte Alejandro
regalar rosas amarillas a los amantes
bañarte con mieles y leche de cabra
besar a los jóvenes en las calles pobladas

amante de la hierba y el iris
podrías llamarte Andrés
      pastar tus cabras
      a orillas del Nilo
aguardar por lluvias
        y cosechas

te llamas Pedro
      vives en el siglo XXI
miras a los muchachos
      deseoso de placer
bailas cantas
muchacho de ojos perdidos
      te llamas Pedro
y es el tiempo de la anunciación

DICIEMBRE

Afuera hay sol y corre un aire salado,
oloroso a mar cercano.
Dulce María Loynaz

diciembre llegará con su luna azul sobre el mar
los dientes de perro de la costa norte
      bañados de luz
enciendo el ventilador
      escucho el ruido de sus aspas
      oxidadas por el salitre
es agosto y sueño con diciembre
      un diciembre con aromas de mar
busco a un muchacho diferente
pienso en su mirada ante la profundidad de esta noche
      su cuerpo entre mis sábanas
      el aire moviendo sus cabellos
iniciar el año con rosas y jazmines
las cartas lo anuncian
un muchacho blanco llegará
      y ante la ventisca   diciembre
      en su día final amando

NUEVO VALS EN LA HABANA

en la ciudad de los mil balcones hay muchachos jugando
    a la muerte
arrancan las ropas y quedan desnudos
    tapando los cuerpos con niebla
entrelazan la carne y el vino
    aguantan el sexo y el hambre
hay inciensos prendidos entre alcoholes y latas vacías
hay cortinas en los cristales y jarrones sobre el piano
hay gritos de gozo en los labios y grasa brillando
    en los cuerpos
la música suena más alto   Chopin Jazz Jazz Chopin
    se confunde entre grito y gemido
un escándalo de barrio en la noche del viernes
no hay política ni leyes ni ningún comemierda mirando
    solo son hombres que gritan gozosos poseídos
    por otros varones
del parque se fueron cantando y andaban de bar en café
terminaron la noche en la casa de un antes marqués
¡pobre! ¡pobre Alejandro! ha perdido en la casa del vicio
este vals ya termina con llanto
    sin que pare Chopin de tocar

RASCACIELOS FLOTANTES

Tomasz Wasilewski

entrar al agua desnudo y pensar en New York
    pasar la lengua por la vulva pensando
    en la espalda del nadador
    los brazos mojados y el traje de baño
    ajustado a su cuerpo
las madres no entienden que el amor es lo mismo
    bajo el agua que en una habitación
    con una mujer desnuda

escapar a los tejados subir por ranflas amarillas en auto
    hasta llegar al sitio donde coger al cuerpo deseado
    con una furia que pudiera ser de ternura
eyacular dentro del macho de espalda ancha
    y piernas firmes
suspirar frente a los rascacielos no de New York
    sino de Varsovia
    que se hunden en el agua ácida
    de la desesperanza
Polonia que no entiende que dos hombres
    también hacen familia
Polonia que castiga con ira   que mata en los parqueos
    como mató a mi amante
Polonia que dejó su cabeza rota contra el pavimento
    desangrándose en la misma ranfla por donde
    subíamos a flotar mientras penetrábamos

    con ternura nuestros cuerpos
    y el semen era sangre derramada
    por la libertad de Polonia

Polonia/yo que floto cada noche por los rascacielos
    mientras mi hijo duerme

los gestos de un hombre desconocido me anuncian
      la llegada del invierno
alguien me cuenta su emoción al lanzarse colgando
      de un cable entre montañas
yo también ansío volar algún día
      sentir como las nubes tocan mi rostro
mi cuerpo se niega a sudar la nicotina que aspiro
      está inmóvil e indiferente ante las caricias
      de un hombre que no me toca

POEMA PARA EL DÍA SIGUIENTE

un Cristo con alas ofrece su mano a los desconocidos
    un demonio desnudo ilumina los salones
las distancias se acortan con los años
los hijos conversan con las madres muertas
    un domingo de cementerio
el pueblo que me vio nacer es lanzado al mundo
    el teatro está listo para la función
un cangrejo es aplastado por la pata de un caballo
diez muchachos juegan sobre las olas
un barco extranjero atraca en el puerto
una ruina es tapada con techos rojos
el olor a tabaco se mezcla con el ron
miro alrededor no sé qué sábanas me cubren
    en la madrugada

RÉQUIEM PARA OSCAR WILDE

mastico una hoja de salvia al mismo tiempo que aspiro
    el humo del cigarro
observo como pasan los carros las luces nublan mi visión
    una pareja viene hasta mí ella me habla
    de la presencia de Dios
    que aún tengo tiempo para ver la luz
me pregunto si esa luz alcanzó a Oscar Wilde en París
    el 30 de noviembre de 1900
y si yo me llamara Ernesto o mi rostro envejeciera
    en las fotografías
puedo estar feliz mientras llueve
puedo escribir poesía sentado sobre un muro
    de concreto
y si Oscar Wilde hubiese muerto el 20 de marzo de 1945
    pues aquel que vive más de una vida
    más de una muerte tiene también que morir
Sebastián Melmoth nació en París en 1898
    con 44 años de edad
Sebastián Wilde / Oscar Melmoth cuántas veces naciste
será que esa luz que nubla mi visión por las noches
    mientras fumo es la misma luz de la que hablan
    los temerosos de Dios
será que tú alcanzaste la luz cuando naciste en París
    acaso cuando en Dublín
dioses del teatro besan las piedras que lanza la burguesía
piedras enormes que cargaste para conocer la piedad
    bautizo con agua bendita la sangre de Cristo
    entre tus labios

llevas la mano al rostro   la luz nubla tu visión
        mientras la piedra cae a tus pies
cómo puede un poeta morir cuando los versos
        son piedras luminosas
Oscar Wilde   tú escribiste sobre piedras
        las mismas que hoy besan los hombres
        como rosas con espinas y sin hojas

CAFÉ PARA EL POETA

en la mesa de Cristo la ceniza del Diablo
    ha sido derramada
la Virgen sirve el café y bebemos con desgano
los versos contemplan desde lo alto la ceremonia
    de los extremadamente sensibles
aquí no pasa nada   no es más que la vida
    alguien sigue arañándose el miedo mientras María
    vierte sus lágrimas en el café
Cristo mira cómo el Diablo se arranca la barba
    y yo que apenas tengo un cuarto de siglo
    pregunto por qué
—es la poesía —responde el poeta—
y quedo en silencio tragándome la vida
    en una taza de café

DÓNDE ESTÁ DIOS

Dios está en el éxodo en la sala de arte en el bar de la
      esquina en mi cama en la almohada en el líquido
      que sale de mi cuerpo en la tierra el césped
      el asfalto en el vagabundo que pide limosnas al
      cruzar la calle
Dios está en Holguín en Quebec en La Habana en Moscú
      en París en la línea del Ecuador meridiano cero
      el Polo Sur Australia
está en Chopin Mercedes Pavarotti Alfonsina Alejandra
      Adriano Luis XIV
Dios está en el humo que aspiro cien veces por día
      en el fogón de madera donde mi abuela cocina sus
      pulmones en el bastón que sostiene su vejez en el
      grito de mi madre en los labios de mi hermana
Dios está en la tumba de mi abuelo en los restos
      de Rimbaud Wilde Alfred Withman Allen Kerouac
está en las cuerdas del violín en el teatro en la calle
      en los altavoces en los jazzistas negros de New York
      y en la trompeta de Armstrong y en la garganta de
      Ella Fitzgerald
Dios está en Londres en Buckingham en la corte
      de Versalles en la guillotina manchada
      por la sangre de María Antonieta de Austria
está en Aral después del Atlántico al otro lado
      del Mediterráneo más allá del Mar Negro

Dios está en el silencio del mudo y en la oscuridad
 del ciego en el uniforme del soldado
 en la bata del médico y en las zapatillas de ballet
está en la Biblia en el Corán en el Zohar en los jeroglíficos
 del antiguo Egipto en el *Libro de los muertos*
Dios está en la iglesia en la palabra de un cura
 en la anciana solitaria que va los domingos a misa
 en el adolescente que va al templo para ver
 al chico vestido de blanco que enciende los cirios
está en los muchachos que se ocultan con miradas
 en los padres que niegan a sus hijos
Dios está en la calle donde se mata a plena luz
 y se esconde para hacer el amor
Dios está aquí y se hunde con el peso del mundo

FELIZ NAVIDAD

> *Es vísperas de Dios.*
> *Está uniendo en nosotros sus pedazos.*
> Olga Orozco

mi madre no sabe qué es la navidad pero le gustan
      los árboles que alumbran en algunas casas
me pregunta por qué los ponen solo en diciembre
¡yo quiero uno para tenerlo siempre encendido! –dice–
mi madre no sabe qué es la navidad
      su mirada es un abismo
la tierra que me vio nacer es un hervidero un surco de
      niebla sobre el campo un ángel de alambre sobre
      el polvo meado por las bestias
un animal se pudre en mi casa de guano
mi madre y la navidad que no conoce
mi hermana y el infame que la acosaba cuando niña
¡feliz navidad   madre!
mi abuela y el hombre que la humilla y dice ser tu padre
¡feliz navidad   madre!
Ofelia se muere en una casa de yagua vomitando la sangre
¡feliz navidad   madre!
la vieja Elvira cojea por los matorrales sigue buscando leña
      para cocinar sus miserias
      dicen que está loca
¡feliz navidad   madre!
tus nietos no saben qué es el miedo   pero temen
mi cabeza es un charco de sangre en el camino
¡feliz navidad   madre
Dios está uniendo en nosotros sus pedazos!

Sobre la hierba temblaban margaritas blancas.
Oscar Wilde

LAS MARGARITAS NO SON AZULES

I

la languidez de tu cuerpo agrietado sobre el papel
    me hace pensar en las noches de Allen y los
    cristales de New York
    algún que otro muchacho en un café de Manhattan
    bebiéndose la vida a sorbos mientras el humo
    enloquece los ojos frente al Puente de Brooklyn
    o en el Central Park
estoy en 23 El Vedado es un túnel rojo lleno de jóvenes
    que ofrecen su cuerpo en tazas blancas
    con sabor amargo
estoy en 23 cubierto de amapolas y sangre chorreando
    por la boca mientras absorbo el contenido de la
    cerámica ese trago que tantas veces me ha salvado
    de la madrugada y las pesadillas que claman a gritos
    el miedo
estoy en New York y Allen grita y su grito estremece la sala
    donde juzgan la palabra inmoral obscena vagabunda
    y la loca palabra salta encima del juez que declara
    inocente tira el martillo contra la mesa y silencio
    se hace silencio en la mente contraria y el grito
    más fuerte sube por la Estatua de la Libertad se tira
    en picada hacia el ferry se sienta respira observa al
    negro que balbucea mirando al mar
estoy en 23 camino por La Rampa y estalla ante mí
    el malecón en humana belleza las luces de los carros

        vuelan como bengalas crean un muro entre quienes
        esperan lujuriosos del otro lado de la calle
vuelvo sobre el rostro los ojos la piel la barba el *jean*
        ajustado la boca la nariz el cuello el sudor las manos
        una sonrisa ¡huye! ellos provocan se exponen y
        huyen al baño donde masturban la soledad contra
        el mármol y la puerta se abre hacia la noche en una
        casa de alquiler
poso desnudo frente a un espejo me masturba penetra
        mis nalgas grito ahora de placer me da la vuelta
        y mete la lengua por el agujero de la rendición
        me tira contra el suelo y llevo conmigo
        a un hombre sentado
estoy en La Habana y parece que New York vuelve
        sobre mí como si fuera 1955 sonando teclas
        de bronce contra el papel
23 es un desfile hedonista soy carne para saciar
        el apetito masculino
hay demasiados comensales para mi cuerpo delgado
estoy en La Habana Allen es un nombre
        que apenas conozco
las margaritas no son azules y no florecen de noche

II

James Franco prende un cigarro frente a la cámara
    vuelve su rostro hacia el vacío habla como si fuera
    Allen Ginsberg escribe como si *Aullido* saliera de
    sus entrañas salen imágenes aterradoras un saxo
    encendido un hombre desnudo arrastrándose por
    las alcantarillas luces verdes sobre la ciudad gris
James Franco actúa y pienso que Allen Ginsberg me mira
    a través de la pantalla y que esa es su voz y son sus
    labios los que se mueven y es su mirada debajo
    de los espejuelos
pienso que fuma frente a mí que me enciende un cigarro
    y tomamos café en la madrugada conversando
    sobre la primera vez que se masturbó pensando
    en un hombre el tiempo que estuvo en el hospital
    para locos como logró salir prometiendo que nunca
    se acostaría con un hombre cuando tuvo sexo en un
    cuarto de alquiler y lo abandonaron porque amar
    es un pecado
nadie se sorprende por nada   me dice y su imagen se
    esfuma del cuarto donde aspiro el humo en soledad
    mientras la música suena en la calle
tomo un libro recién impreso respiro el olor a tinta
    leo en la primera línea *vi las mejores mentes*
    de mi generación destruidas por la locura   es él
    volvió para continuar hablándome

en la pantalla James Franco sigue imitando al poeta
    contando sus percepciones su locura yo pienso
    en sus labios en la cara de ángel en la mirada
    perversa como si Allen Ginsberg viniera
    a decirme *todo el mundo es santo*

III

no soy tan santo Allen también yo he claudicado
        tantas veces que me aterra pensar
        en la canonización
todas mis perversiones en las noches de alcohol droga
        sexo con desconocidos terminan en lágrimas
        porque realmente estoy solo en un cuarto
        con diez personas desnudas
        en un parque tumultuoso
        en la calle de carnaval
estoy solo en el templo donde se invocan oraciones
        en semana santa en navidad en la vigilia vaticana
        cuando el humo blanco anuncia
        que hay un nuevo Papa
estoy solo en la playa cubierta de luces
        donde los jóvenes celebran con gritos
        y saltan enloquecidos por la música moderna
estoy solo cuando hacemos el amor
        y suena el teléfono
estoy solo cuando leo un poema en público
        y los que escuchan se distraen
        con el ruido de un auto
        o el escándalo de un vagabundo
        que no entiende por qué digo semen
estoy solo cuando viajo a un sitio desconocido
        y todos me miran esperando una limosna
        que en realidad necesito para comer

estoy solo Allen aunque sé que me aman
      y despierto pasiones
realmente la soledad es lo único que me pertenece
      en este mundo que cambia compañía
        por sexo sudor y semen

IV

bendita la figura humana desnuda frente al espejo
bendito el cigarro el tabaco y la marihuana
benditos los genitales de Cristo en el Jordán
bendita María Magdalena y María Callas
 y la corte de los gitanos
benditos los poemas de Ginsberg sonando en la corte
 de San Francisco
benditos los blancos singados por negros y los negros
 mamados por blancos
benditas las fotografías de Mapplethorpe y del barón
 de von Gloeden
benditos los muchachos de Taormina y los negros
 de New York
benditos los adolescentes inexpertos y los niños
 chupando pezones
bendito el cisne salvaje de Wichy y los silencios profundos
 de Yuseff
benditos los dioses que escuchan y el anciano que llora
benditas las madres   mi madre   bendita mi madre
bendito mi amante rabioso en mi espalda
bendito el semen que trago y el sitio donde
 duermo tranquilo

V

Alejandro Alejandro Alejandro Alejandro Alejandro
    Alejandro Alejandro Alejandro Alejandro Alejandro
repito diez veces mi nombre y me encuentro 25 años
    después de 1992 preguntándome por qué
    me nombraron así
ese nombre común que llevan 30 docenas de jóvenes
    de una generación condenada por el hombre
    por la miseria por la ignorancia por el miedo
360 Alejandros desfilan ante mi mente unos descalzos
    sudados otro vestido de negro con pulóver ajustado
    ofreciendo una sonrisa y unos ojos
    que esquivan mi mirada
360 Alejandros no se preguntan por qué tienen picazón en
    el muslo
360 Alejandros no tienen novia no tienen mujer
    no tienen hijos
360 Alejandros en los matorrales en las ruinas
    de un edificio detrás de un vertedero
    en un templo apagado se revuelcan
    con un hombre llamado Alejandro
360 Alejandros incestuosamente amando a un cuerpo
    semejante piden perdón y van donde los brazos
    de una mujer no pueden sostener a ese macho
    necesitado de semen
360/80/20/10 Alejandros se acuestan en mi cama
    y cuando despierto soy yo que he caminado

      toda la noche buscándome a través de las sombras
      en cada ángulo de mi habitación
soy yo Alejandro que estoy librando otra batalla
      contra mi soledad

*la circunstancia del agua me obliga a sentarme a la mesa
	del café* he vivido siempre con el agua
		cayéndome encima
camino sobre los charcos el agua está ahí para advertirme
		lo frágil que soy
cuando digo agua entiéndase vacío *la maldita circunstancia
	del agua por todas partes* y la falsedad de mi pelo que
		no logra ocultar la expresión de estos ojos dorados
falso todo es falso palabras arrogantes que salen de mis
		labios dolor que crece en la fragilidad del cuerpo
		seguridad aparente que creo para protegerme
vuelvo al malecón leo a Pushkin mientras la espuma salada
		salpica mi rostro
la circunstancia del agua y del camino
		un frasco de arena como equipaje
insulsas vanidades de mi álter ego entiéndase vacío
		humo de cigarro que me contamina y el agua cae
		sobre el pelo que mañana cambiará de tamaño
cortar el pelo puede salvarme de la vanidad
		una trenza mal hecha una tijera un corte
		y cae sobre mis pies el trozo de vanidad
yo es otro siempre he querido ser otro

ÍNDICE

Él es otro   **/7**
Luis Yuseff

sirvo el café...   **/15**

La necesidad de ser otro   **/19**
Las cúpulas despiertas   **/20**
Ruinas   **/23**
Suicidio   **/24**
Negación de la realidad   **/25**
desnudo...   **/27**
Reconciliaciones   **/28**
Otoño   **/29**
Resiliencia   **/30**
Amigos   **/31**
Salvación   **/32**
Muchachos   **/33**
Carta de despedida   **/34**
tengo la palabra...   **/35**
mi voz...   **/36**
frágil...   **/37**
montículos de cuarzo...   **/38**

El poeta sordo   **/41**
Oficio y plegaria   **/42**
Noticias de París   **/43**

Rapsodia para un violín rojo   /**44**
Poema para Pedro   /**45**
Diciembre   /**46**
Nuevo vals en La Habana   /**47**
Rascacielos flotantes   /**48**
los gestos...   /**50**
Poema para el día siguiente   /**51**
Réquiem para Oscar Wilde   /**52**
Café para el poeta   /**54**
Dónde está Dios   /**55**
Feliz navidad   /**57**

Las margaritas no son azules   /**61**

la circunstancia del agua...   /**71**

Yo es otro, de Frank Alejandro Cuesta,
terminó de imprimirse en el mes de abril de 2024,
por Bluebird Editions, en New York, NY.

www.ingramcontent.com/pod-product-compliance
Lightning Source LLC
Chambersburg PA
CBHW031212090426
42736CB00009B/890